VENTE DU JEUDI 10 FÉVRIER 1887

HOTEL DROUOT, SALLE N° 1

OBJETS D'AMEUBLEMENT

ANCIENS ET MODERNES

TAPISSERIES, ÉTOFFES

TABLEAUX ANCIENS ET MODERNES

LIVRES

EXPOSITION PUBLIQUE

Le Mercredi 9 Février 1887

DE 1 HEURE A 5 HEURES

Mᵉ P. CHEVALLIER | **M. B. LASQUIN**
COMMISSAIRE-PRISEUR | EXPERT
10, rue Grange-Batelière, 10 | 12, rue Laffitte, 12

Chez lesquels se trouve le présent catalogue

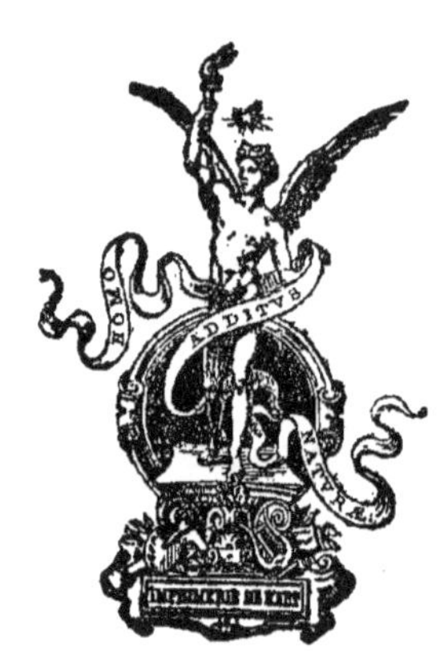

CATALOGUE

DES

OBJETS D'AMEUBLEMENT

ANCIENS ET MODERNES

Meuble de salon Louis XVI, en tapisserie d'Aubusson
Buffets, Armoires, Coffres, Sièges, Tables
Lit portugais des XVIIe et XVIIIe siècles et de style

Piano droit de Pleyel

Bronzes, Pendules Louis XVI, Appliques, Flambeaux
Porcelaines et Faïences
Objets de vitrine, Armes, Objets divers
Sculptures en marbre

TAPISSERIES — ANCIENNES ÉTOFFES

Tapis d'Orient, Rideaux

TABLEAUX ANCIENS ET MODERNES

Ustensiles d'atelier d'artiste peintre
Livres sur les beaux-arts

DONT LA VENTE AURA LIEU

HOTEL DROUOT, SALLE N° 1

Le Jeudi 10 Février 1887, à 2 heures

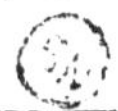

COMMISSAIRE-PRISEUR	EXPERT
Me PAUL CHEVALLIER	**M. B. LASQUIN**
10, rue de la Grange-Batelière, 10	12, rue Laffitte, 12

EXPOSITION PUBLIQUE : Le Mercredi 9 Février 1887
DE 1 HEURE A 5 HEURES

CONDITIONS DE LA VENTE

Elle sera faite au comptant.

Les acquéreurs payeront en sus des enchères *cinq pour cent*, applicables aux frais.

L'exposition mettant le public à même de se rendre compte de l'état des objets, il ne sera admis aucune réclamation une fois l'adjudication prononcée

Paris. Imp. de l'Art. E. Ménard et J. Augry, 41, rue de la Victoire.

DÉSIGNATION DES OBJETS

AMEUBLEMENT

1 — Meuble de salon du temps de Louis XVI, en bois peint, garni de tapisserie d'Aubusson à médaillons de figures d'après Boucher et animaux d'après Oudry, enguirlandés de fleurs.

2 — Buffet à deux corps, à quatre portes et deux tiroirs, en bois sculpté à rinceaux et à moulures.

3 — Deux chaises Louis XIII garnies de cuir.

4 — Coffre à bois garni d'ancienne tapisserie d'Aubusson.

5 — Deux chaises Louis XIII garnies de cuir.

6 — Trois autres chaises anciennes.

7 — Cabinet en ancien laque de Chine.

8 — Crédence Louis XIII en chêne, ornée de colonnettes.

9 — Commode Louis XV en marqueterie ornée de bronzes.

10 — Grande armoire à deux corps, à quatre portes et deux tiroirs, en bois sculpté.

11 — Commode Louis XIV en chêne.

12 — Commode Louis XIV à trois rangs de tiroirs, ornée de bronzes.

13 — Commode Louis XVI à trois tiroirs, marquetée à filets.

14 — Deux fauteuils Louis XIII à accotoirs ornés de balustres.

15 — Miroir à bordure de glace.

16 — Bas de buffet en chêne.

17-18 — Deux armoires normandes à portes sculptées et fronton.

19 — Buffet Louis XVI à deux corps, en bois sculpté.

20 — Table de style Henri II, en noyer.

21 — Casier de même style.

22 — Console Louis XVI en acajou, à dessus de marbre blanc.

23 — Armoire à deux corps, en chêne, à portes pleines

24 — Table en bois noir à dessus de drap rouge.

25 — Porte-parapluie en chêne.

26 — Quatre chaises en bois noir.

27 — Table en chêne sculpté.

28 — Quatre escabeaux.

29 — Table Louis XIII.

30 — Glace psyché en chêne.

31 — Divan en moquette de Smyrne avec trois coussins.

32 — Fauteuil confortable.

33 — Canapé-lit et trois coussins.

34 — Chaise fumeuse, fauteuil, tabouret.

35 — Fronton de glace Louis XVI en bois sculpté et doré, à rinceaux.

36 — Grand meuble ouvrant à deux portes, avec soubassement et corniche, orné de grosses guirlandes et de têtes de chérubins. Époque Louis XIII.

37 — Glace avec encadrement Louis XIV.

38 — Banquette formant coffre, en bois sculpté, avec accotoirs à têtes de griffons.

39 — Lit portugais en bois noir sculpté, avec colonnettes torses et baldaquin.

40 — Table ronde Louis XVI en acajou, à dessus de marbre et galerie de cuivre.

41 — Petit coffret en marqueterie de cuivre.

42 — Cave à liqueurs en marqueterie d'écaille et de cuivre.

43 — Grande horloge à gaine en bois peint.

44 — Coffret en bois de placage, avec compartiments à l'intérieur.

45 — Petit porte-montre en bois orné d'une miniature.

46 — Cave à liqueurs garnie de ses flacons en cristal taillé.

47 — Banquette garnie de maroquin.

48 — Divan recouvert en étoffe cachemire.

49 — Douze chaises de salle à manger en chêne sculpté, garnies de moleskine.

50 — Porte-parapluie en chêne.

51 — Piano droit de Pleyel, en acajou.

52 — Piano droit en acajou.

BRONZES

53 — Belle pendule du temps de Louis XVI, de forme monumentale, à colonnettes cannelées en marbre blanc supportant le cadran et des guirlandes de fleurs en bronze ciselé et doré.

Le socle, orné d'une frise de jeux d'enfants, également en bronze doré.

54 — Petite pendule du temps de Louis XVI, en marbre blanc et bronze ciselé et doré au mat, surmontée du groupe de Vénus et de l'Amour.

55 — Petite pendule Louis XVI, à colonnettes en marbre.

56 — Pendule Louis XVI à cadran supporté par deux colonnettes en marbre, appliquées de bronzes et flanquées de balustres.

Socle orné d'une frise de jeux d'enfants en bronze ciselé et doré.

57 — Deux flambeaux Louis XVI en bronze argenté.

58 — Aiguière Louis XVI en cuivre gravé et argenté.

59 — Pendule du temps de l'Empire en marbre griotte, avec figure de Molière en bronze.

60 — Huit appliques en bronze à feuilles de chêne et fleurs de lis.

61 — Lanterne d'antichambre en bronze.

62 — Deux flambeaux Louis XVI en bronze doré, avec girandoles à trois lumières du temps de l'Empire.

63 — Groupe en bronze d'après l'antique : Faune portant un Enfant bacchant.

64 — Divinité boudhique en ancien bronze.

65 — Support-trépied en bronze, de style antique.

66 — Figure de guerrier en galvano.

PORCELAINES ET FAIENCES

67 — Pot à eau et bol à côtes en ancienne porcelaine de Saxe à décor de fleurs.

68 à 77 — Sous ces numéros, environ quarante pièces : vases et cornets en faïence italienne. (Ce lot sera divisé.)

78 — Vases en porcelaine de Chine.

79 — Faïences diverses.

80 — Deux grands vases en porcelaine de Chine à figures.

81 — Deux vases en terre émaillée de Chine à sujets en relief.

82 — Cuvette et pot à eau en porcelaine décorée.

83 — Plat à barbe en faïence et deux plaques.

84 — Service de table en porcelaine à décor rouge de fer, genre chinois, composé d'environ cent trente-cinq pièces : soupière, plats, légumiers, assiettes.

OBJETS DE VITRINE, ARGENTERIE

85 — Douze cuillers à sel en vermeil.

86 — Porte-huilier en argent, du temps de l'Empire.

87 — Neuf pièces : miniatures, médailles et fixés.

88 — Deux boîtes : l'une, Louis XVI, en vernis Martin ; l'autre, en écaille sculptée, de travail chinois.

89 — Salière Louis XVI en argent estampé.

90 — Lorgnette-jumelle en ivoire, une boussole et un mouchoir guipure.

91 — Deux boîtes de couteaux en métal argenté, à manche d'ivoire.

92 — Trois pièces : croix en nacre, étui en ivoire et éventail en écaille.

93 — Boîte à fiches Louis XV, en vernis Martin.

94 — Lot de trente-quatre jetons et de médailles Louis XV en argent.

OBJETS DIVERS

95 — Fontaine et son bassin en cuivre repoussé, avec son support.

96 — Coffret Louis XIII à couvercle bombé, garni de velours et de ferrures.

97 — Trois vases en bronze du Japon.

98 — Flambeaux en cuivre.

99 à 102 — Onze pistolets Louis XIV et Louis XV, dont un avec canon damasquiné. (Ce lot sera divisé.)

103 à 110 — Environ quarante pièces, armes diverses : épées de cour, sabres, armes des colonies, étriers, masse d'armes, stylets, poignards, poudrière, etc. (Ce lot sera divisé).

111 — Lot de cannes.

112 — Porte-cartouches en cuir.

113 — Lot de carapaces de tortues, coquillages, etc.

114 — Lot de bois de cerf et de cornes de divers animaux.

115 — Deux pitongs chinois, en bois sculpté.

116 — Cinq pièces : Pipe à opium, couverts chinois, pantoufles brodées.

117 — Plateau rond, en cuivre gravé.

118 — Douze statuettes de paysans italiens, en terre cuite peinte, plus deux masques.

119 — Deux figurines indiennes et une figurine chinoise.

120 — Deux vases en porcelaines de Canton.

SCULPTURES

121 — Statue grandeur nature : Rolla, avec piédestal en bois sculpté.

122 — Le Printemps, buste en marbre, par Bruyer.

123 — L'Automne, buste en marbre, par Bruyer.

124 — Pêcheur, buste en marbre, par Bruyer.

125 — Bandeau de cheminée, en marbre blanc

sculpté, orné d'un écusson et de deux couronnes de lauriers, contenant des chiffres.

126 — Groupe gothique, en bois peint : Saint Martin à cheval.

127 — Deux colonnes en ancien granit, avec chapiteaux sculptés.

128 — Buste d'homme en marbre blanc.

TAPISSERIES — ÉTOFFES

129-130 — Deux tapisseries Louis XIII, à sujets de verdure avec écureuils et canards. Bordures d'ornements.

131 — Grande tapisserie Renaissance avec bordure à médaillons.

132 — Petit panneau verdure avec bordure d'ornements.

133 — Portière en tapisserie verdure.

134 — Tapis en tapisserie au point, à grappes de raisin sur fond jaune et deux lambrequins.

135 — Trois carpettes orientales.

136 — Rideaux en andrinople rouge.

137 — Rideaux de velours rouge.

138 — Paravent en étoffe.

139 — Feuille d'écran en damas rouge, avec sujet
en tapisserie à la main, représentant la Charité.

TABLEAUX ET DESSINS

ANCIENS ET MODERNES

140 — **Bellangé** (**H.**). Aquarelle.

141 — **Brekelemcamp**. Intérieur, fumeurs et bu-
veurs.

142 — **Delen** (Genre de **Van**). Intérieur d'église.

143 — **Courbet** (Genre de). Paysage.

144 — **De Marne**. *L'Abreuvoir*. Plusieurs villa-
geois et villageoises conduisent leurs bestiaux
à une fontaine située à droite, l'un d'eux
fait boire une vieille femme montée sur son
baudet.
Plus loin, un portique ; de l'autre côté d'un
cours d'eau, fond de paysage accidenté.

145 — **Dumont** (**L.**, 1809). Deux jolies aquarelles dans le goùt de H. Robert.

146 — **École italienne**. Deux dessins à la sépia, frises.

147 — **École italienne**. Ruines d'un aqueduc.

148 — **École moderne**. *Entrée d'habitation de campagne.*

149 — **École flamande**. *Pan et Syrinx.*

150 — **Franck**. *Le Portement de croix.*

151 — **Gasnier** (1779). Dessus de porte, grisaille.

152 — **Lansyer**. *Paysage.*

153 — **Lancret** (Genre de). *Conversation galante.*

154 — **Martin** (**Le jeune**). *Attaque de voleurs.* Des brigands ont arrêté un carrosse à l'entrée d'un bois et sont en train de piller les voyageurs.

155 — *Arrestation des brigands.* Plusieurs d'entre eux ont été arrêtés et amenés les mains liées devant le commandant de la maréchaussée.
Deux charmants tableaux formant pendants.

156 — **Piazetta**. *Deux têtes de vieillards.*

157 — **Roos de Francfort**. *Pâtres et bestiaux.*

158 à 162 — Cinq tableaux : *Paysages et fleurs.*
Signés Viard et Sylva.

163 à 170 — Sous ces numéros, quelques tableaux
et études, par Mayari Bompar, Marius-Roy, etc.

171 — Tableaux et gravures des diverses écoles.

172 — **Livres** sur les beaux-arts, romans, etc.

USTENSILES D'ATELIER

173 — Cinq chevalets. — Quatre selles de sculpteur.
— Table à dessin. — Meuble à couleurs. —
Modèles en plâtre. — Poêle Choubersky.

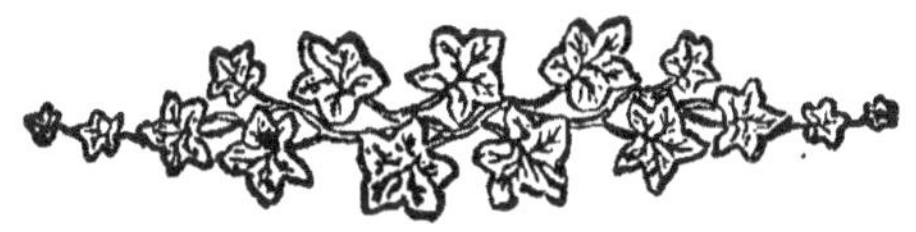